COMO TRABAJAR BIEN CON LOS DEMAS

UNA GUIA COMPLETA DE CÓMO PODER HACERLO

Francisco Javier Alguacil Rodríguez

CONTENIDO

PROLOGO

Probablemente, más personas de las que imagina pasan la mayor parte de su tiempo trabajando con otros en una situación relacionada con el empleo. Y, a menos que tengan suerte, estos individuos no pueden elegir quiénes son sus compañeros de trabajo.

Por desgracia, no todo el mundo sabe llevarse bien con los demás. Esto puede causar todo tipo de situaciones difíciles, haciendo casi imposible pasar el día.

Trabajar bien con los demás es crucial en cualquier situación. Sin embargo, es aún más importante en un entorno laboral. ¿Por qué? Se reduce a cosas como la eficiencia, la productividad y la moral de los empleados... por nombrar algunas.

El tamaño de la empresa o negocio para el que trabajas realmente no importa. Las reglas son básicamente las mismas si trabajas con una persona o con 1.000. Cada persona merece el mismo nivel de consideración.

Durante tu búsqueda de empleo, ¿has notado alguna vez la frase "debe trabajar bien con otros" en la descripción del trabajo o en la solicitud? Si es así, hay una buena razón para ello. Los empresarios no quieren contratar a personas que no trabajen bien con los demás. Suele causar problemas desde el principio.

CAPITULO 1:

Definir a los demás

En este caso, "otros" puede definirse como todas las personas con las que se entra en contacto durante el trabajo. Obviamente, la respuesta será diferente para cada persona. Sin embargo, puede incluir al jefe, a tus compañeros de trabajo, a los clientes con los que interactúas, a los proveedores que utilizas, al equipo de RRHH, al personal de mantenimiento o de limpieza... la lista continúa.

Una de las principales razones por las que es tan importante tratar a todo el mundo por igual es que nunca se sabe lo que una persona podría ayudar o hacer por ti en el futuro. Por supuesto, eso significa no aprovecharse nunca de la asistencia o el afán de ayuda de esa persona en particular, bajo ninguna circunstancia.

¿Te resulta familiar la expresión "no es lo que sabes, sino a quién conoces"? Piénsalo así. Una persona con la que no te relacionas a diario, pero que sigues considerando un conocido amistoso, podría compartir contigo un consejo sobre un amigo que casualmente está contratando para un puesto que a ti te encantaría tener. Sin ese consejo, no estarías al tanto de la oportunidad. Esta situación se da mucho más de lo que crees. Una razón más para ser considerado con todo el mundo.

Otra posibilidad es hacer un amigo que de otro modo no tendrías.

La diversidad en el lugar de trabajo es más común que nunca. Esto da a los individuos una oportunidad mucho mayor de hacerse amigos de alguien que no forma parte de su vida cotidiana. Puede ser alguien que trabaje en un departamento diferente o la persona que se encarga del mantenimiento de la oficina. Cuando se trata de conocer y hacer un nuevo amigo, las posibilidades son casi infinitas.

CAPITULO 2:
Por qué puede ser un reto trabajar con otros

Hay varias razones por las que puede ser un reto trabajar con otros. Muchas personas tienen tendencia a llevar su ego al lugar de trabajo. Puede ser que estos individuos estén realmente acomplejados e inseguros de sí mismos en el fondo. Así que utilizan un gran ego como tapadera.

Sinceramente, la grandilocuencia en el trabajo suele ser contraproducente. Crea resentimiento y malos sentimientos muy rápidamente. Cuando un empleado no trabaja bien con los demás, por la razón que sea, hay muchas posibilidades de que esa persona acabe siendo despedida.

Si este comportamiento impropio continúa, la misma persona corre el riesgo de ser despedida una y otra vez hasta que finalmente encuentre un trabajo en el que llevarse bien con la gente no importe. Es un escenario triste cuando lo piensas. No dejes que te pase a ti.

Otro reto de trabajar con otros es hacer un esfuerzo para evitar la competencia. Si un compañero de trabajo no se lleva bien contigo, puede deberse a los aspectos competitivos de la descripción de tu trabajo y al hecho de que está intentando ganarte en algo.

Sí, es cierto que un poco de competencia amistosa puede incitar a los trabajadores a mejorar su rendimiento. Sin embargo, poner en evidencia el rendimiento laboral de otra persona para llegar a ella no va a hacer otra cosa que herir sus sentimientos. Esto puede llevar a una disminución de su propio rendimiento e incluso podría hacer que piense en seguir adelante y encontrar un trabajo en otro lugar.

CAPITULO 3:
La importancia del respeto

Si no se trata a todo el mundo en el trabajo con respeto, puede ser malo para el negocio. Si no sientes que te tratan con respeto en el trabajo, puede ser muy difícil dar lo mejor de ti.

Lo mismo ocurre con tus compañeros de trabajo. Es posible que no puedan desempeñar sus funciones de forma eficiente si su confianza ha sido puesta en jaque por un compañero de trabajo irrespetuoso.

El respeto mutuo entre los trabajadores también ayuda a fomentar un ambiente de cooperación entre los miembros del equipo. Si respetas a las personas con las que trabajas, es mucho más fácil colaborar con ellas para conseguir un objetivo.

Si no tienes ningún respeto por tus compañeros de trabajo o por sus capacidades, ¿por qué ibas a contar con su ayuda?

La mejor manera de que un equipo de empleados establezca un vínculo de respeto mutuo es a través de la formación y los ejercicios destinados a ayudar a todos a conocer a los compañeros y sus habilidades.

Puede ser una actividad tan sencilla como hacer que cada miembro del equipo comparta su nombre y las partes de su trabajo en las que cree que es mejor. En un entorno en el que el comportamiento irrespetuoso es habitual, es más probable que surjan conflictos entre usted y sus compañeros de trabajo.

Pero es importante que no dejes que el comportamiento irrespetuoso te afecte y te haga actuar de la misma manera. Una disputa en el trabajo tiene un impacto negativo tanto en la moral como en la productividad general. Si crees que un compañero de trabajo no te está tratando con respeto, habla con él sobre su comportamiento de forma tranquila y respetuosa. Si no están dispuestos a discutirlo, lleva el asunto a tu jefe o supervisor.

CAPITULO 4:

Habilidades y hábitos esenciales para trabajar con otros

Hay numerosas habilidades y hábitos esenciales que se necesitan para trabajar bien con los demás. Desarrollar los hábitos adecuados, desde el principio, te ayuda a ponerte en el camino de cosas como un salario más alto y oportunidades de liderazgo.

Dado que cada vez más empresas deciden contratar a personal interno, estas cosas son más importantes que nunca. Muchas de estas cosas probablemente le parecerán obvias.

Sin embargo, si fueran obvias para todos, no sería necesario enumerarlas. Tenga en cuenta que esta no es una lista completa de las habilidades y hábitos que necesita para tener éxito, pero definitivamente le da un buen punto de partida.

Como puedes ver, muchas de estas sugerencias no requieren mucho más esfuerzo que el de recordarlas. No hay razón para entrar en pánico y pensar que tienes que cambiar toda tu forma de vida.

Aunque estas cosas pueden parecer insignificantes cuando las miras por separado, no hacer varias de ellas se convierte en un problema mayor.

Realmente puede significar la diferencia entre mantener un trabajo o ser despedido.

Esto es especialmente cierto en la economía actual. Con tanta gente buscando activamente un empleo, a los empresarios les suele resultar muy fácil cubrir sus puestos vacantes.

Asume la responsabilidad

Siempre es importante asumir la responsabilidad de las cosas que uno hace, especialmente cuando algo sale mal. Nadie es perfecto. Todos los empleadores, salvo algunos poco realistas, se dan cuenta de ello.

Si cometes un error y afirmas que no ha sido culpa tuya, no sólo no estás diciendo la verdad, sino que además estás dando la impresión de que no tenías el control de la situación.

Al asumir la responsabilidad, probablemente notarás dos cosas. En primer lugar, es probable que tus compañeros de trabajo estén más dispuestos a ayudarte a corregir el problema y a salir adelante.

En segundo lugar, estas mismas personas se sentirán más cómodas a tu alrededor, sabiendo que eres honesto y que nunca echarás la culpa a otra persona.

Mantén la mente abierta

Incluso en situaciones en las que sabes que estás 100% en lo cierto, siempre es aconsejable mantener la mente abierta. Esto es especialmente cierto cuando se trata de un puesto directivo. ¿Por qué? Si nunca estás abierto a ideas nuevas o alternativas, puedes dar la impresión de ser alguien que lo sabe todo. Cuando esto ocurre, la gente suele ponerse a la defensiva muy rápidamente y todo va cuesta abajo.

Es mucho más productivo mostrar un poco de humildad y preocupación por encontrar realmente la respuesta correcta para cada problema y situación.

Como cada persona tiene un proceso de resolución de problemas diferente, el trabajo en equipo tiene realmente el potencial de resolver los problemas y aportar grandes ideas mucho más rápido.

Cumple tus compromisos

Intenta siempre dejar tiempo suficiente para completar los proyectos en tiempo y forma, incluso cuando surja algún imprevisto.

Es mucho mejor darse más tiempo del necesario para terminar cualquier cosa en la que estés trabajando, que subestimar el tiempo necesario para completar la tarea. De este modo, no tendrás que preocuparte por decepcionar a tu jefe o a tus compañeros.

Haz un esfuerzo adicional. Siempre que sea posible, haz un seguimiento de las cosas. Esto consigue dos cosas. En primer lugar, refuerza las relaciones en el lugar de trabajo. Y por otro lado, te proporciona información importante sobre tu rendimiento.

Practicar una higiene adecuada

Independientemente de si trabajas con el público o en una oficina, practicar una higiene adecuada es esencial cuando trabajas con otras personas. Nadie quiere estar cerca de alguien que huela mal o que parezca que se ha dormido con la ropa puesta.

Esto no significa que tengas que vestirte como los ricos y famosos. Simplemente significa que hay que ducharse a diario y acudir al trabajo con un aspecto y un olor presentables.

Si tienes un presupuesto ajustado, considera la posibilidad de comprar ropa en las tiendas de segunda mano locales.

Puedes conseguir grandes ofertas en ropa perfectamente adecuada para el trabajo. Estas tiendas suelen tener una gran variedad de ropa de trabajo a precios fantásticos. Sólo tienes que estar allí en el momento adecuado, que es en los días en que la tienda recibe entregas.

Apagar el teléfono

Hoy en día casi todo el mundo tiene un teléfono móvil. Si trabajas en una oficina grande, el timbre constante puede ser una gran distracción. A menos que necesites el teléfono para trabajar, apágalo o guárdalo. Leer rápidamente un mensaje de texto cuando alguien te está hablando es de muy mala educación.

Da la impresión de que tu teléfono es más importante que tu trabajo. Acostúmbrate a revisar tus mensajes o a hacer llamadas rápidas durante tus descansos o el periodo de almuerzo.

Compartir el merito

Cuando proceda, compartir el mérito con tus compañeros de trabajo es un signo seguro de que trabajas bien con los demás. No sólo le gustarás a esa persona o personas más de lo que lo hacían antes, sino que también te ganarás un mayor nivel de respeto.

Por otro lado, si no compartes el mérito cuando es debido, te ganarás la reputación de ser una persona egoísta que intenta sabotear a los demás para salir adelante. Si te sales con la tuya sin que nadie se queje, no pierdas el tiempo celebrándolo. En realidad, la verdad suele imponerse y no saldrás adelante, sino que te encontrarás en la cola del paro.

No interrumpas

¿Alguna vez has estado en medio de una conversación y te han interrumpido constantemente? Es molesto, ¿verdad? Por eso, nunca seas "el que interrumpe".

Incluso si tienes una gran idea que no puedes esperar a compartir, espera hasta que sea tu turno para hablar. Respira profundamente y relájate. Estarás compartiendo tu noticia o idea antes de que te des cuenta.

Aquí tienes un pequeño secreto. Hay personas que no se impresionan cuando hablas, por muy fantástica que sea tú idea. Estas personas prefieren hablar de sí mismas.

Por eso, si les dejas hablar a ellos primero, es una buena manera de conseguir que te quieran. Después, puede que sean más receptivos a lo que dices.

Sonríe

El acto de sonreír se considera a menudo el gesto más poderoso de una persona. La ciencia puede respaldar el hecho de que las personas que sonríen a menudo no sólo son más felices, sino que también tienen más éxito.

Y lo que es mejor: sonreír no cuesta ni un céntimo. Es gratis sonreír y ver cómo el mundo (o al menos la gente con la que trabajas) te devuelve la sonrisa.

Es interesante observar que algunos módulos de formación para puestos de atención al cliente relacionados con el teléfono requieren que los agentes tengan un pequeño espejo junto a su teléfono.

De este modo, el agente puede asegurarse de que está sonriendo cuando habla con el cliente. Lo creas o no, la persona que está al otro lado del auricular suele oír la sonrisa en la voz del agente.

Esto hace que la interacción entre ambos sea mucho más agradable y que las ventas aumenten en muchas ocasiones.

Utilizar los recursos

Trabajar bien con los demás, de la mejor manera posible, a veces implica utilizar recursos. Dependiendo de dónde trabajes y de la descripción de tu trabajo, muchas empresas ofrecen todo tipo de opciones para que las aproveches. Estos recursos pueden ser cosas como seminarios, sesiones de formación, programas de acondicionamiento físico, equipos de seguridad sin coste, asesoramiento sobre salud mental y familiar, etc. Si te encuentras con un buen recurso que crees que puede beneficiar a tu entorno de trabajo y a tus compañeros, no dudes en mencionarlo a tu director o jefe. ¿Quién sabe? Puede que incluso recibas una pequeña recompensa o bonificación por tomar la iniciativa de recomendar algo que podría ayudar al éxito de tu empresa.

No hagas ruido

En caso de que su empleador le permita escuchar música o algo similar, no haga ruido. Usa auriculares o mantén el volumen a un nivel que no distraiga. Recuerda que no todo el mundo tiene el mismo gusto musical que tú. Si tus compañeros de trabajo no disfrutan con lo que escuchan, probablemente les harás más difícil concentrarse y hacer bien su trabajo. El momento de hacer ruido es cuando se acaba la jornada laboral, a no ser que seas un músico de rock o un subastador.

Respeta los límites

Es posible que tu trabajo te exija compartir un espacio con tus compañeros, ya sea un cubículo, una oficina o un vehículo. Si estás cerca de otras personas mientras trabajas, asegúrate de respetar sus límites y anímales a respetar los tuyos a cambio.

Intenta no tener llamadas telefónicas sobre asuntos no relacionados con el trabajo si tu compañero de cubículo está tranquilamente concentrado en un proyecto. Además, intenta no divulgar demasiado tu vida personal, porque puede ser demasiada información para algunas personas. Estos límites varían de una persona a otra, así que si no estás seguro de si tu comportamiento va a molestar a tu compañero de trabajo, lo mejor es que le preguntes primero.

Aprende a dejar ir

Una vez que has tenido una disputa con un compañero de trabajo, puede ser difícil que tu relación con él vuelva a estar en un estado en el que podáis trabajar juntos de forma eficaz.

Si la disputa se ha resuelto, lo mejor que puedes hacer es pasar a centrarte en el trabajo. Por supuesto, tu compañero de trabajo también tendrá que centrarse en dejarlo pasar.

Si todavía parece estar molesto por el asunto, mira si está dispuesto a hablar de ello.

Si te dicen por qué siguen sin estar satisfechos después de haber resuelto la disputa, haz lo que puedas para arreglar las cosas entre los dos. Si los problemas persisten entre los dos, lo mejor es informar a tu jefe o supervisor.

CAPITULO 5:
Beneficios de trabajar eficazmente con otros

El trabajo en equipo es algo maravilloso. Puede que a todo el mundo le lleve un poco de tiempo "entrar en la onda".

Pero, cuando esto ocurre, es beneficioso para todos los implicados, por no mencionar el éxito de la empresa. He aquí algunas ventajas de trabajar juntos en el trabajo. ¡Sí, se puede hacer!

Llena vacíos

Trabajar juntos suele llenar vacíos. No todo el mundo tiene las mismas habilidades o formación. El trabajo en equipo permite que las personas aporten sus conocimientos por separado a un proyecto o problema como un todo.

También es muy útil cuando alguien está enfermo.

Si nadie se pone a hacer el trabajo de esa persona, todo podría paralizarse hasta que el empleado se sienta lo suficientemente bien como para volver al trabajo. Las empresas pierden negocio cuando funcionan a menos del 100%.

Promueve una competencia sana

No hay absolutamente nada malo en un poco de competencia sana en el lugar de trabajo. A menudo conduce a un aumento de la productividad, que siempre se fomenta. También es un excelente motivador. Muchas veces, cuando los compañeros ven que sus colegas hacen un trabajo excelente, quieren hacer todo lo posible para igualar (o incluso superar) su rendimiento.

Fomenta la resolución de conflictos

Por muy bien que trabajes con tus compañeros de equipo como grupo, siempre existe la posibilidad de que surjan conflictos de vez en cuando. No hay ninguna garantía de evitarlos por completo. Esto se debe en parte al hecho de que los empleados provienen de diferentes orígenes y tienen diferentes estilos de hacer las cosas. Eso es lo que hace que el mundo y el entorno laboral sean tan interesantes.

Cuando se presentan conflictos, su equipo se ve obligado a encontrar una solución que se ajuste a la situación. Esta es una habilidad muy buena para tener en su haber, especialmente para aquellos interesados en futuras oportunidades de promoción.

Inspira la asunción de riesgos

Puede que pienses que la asunción de riesgos no es algo que deba intentarse en el trabajo. Sin embargo, existe una cosa que se llama asumir riesgos "saludables". Piénsalo así.

Si estuvieras trabajando en un proyecto tú solo y ese proyecto fracasara de alguna manera, serías responsable del fracaso en su totalidad.

En cambio, si trabajas en equipo, tus compañeros no sólo comparten ideas, sino que también comparten el éxito o el fracaso del resultado final. En esencia, el trabajo en equipo da a todos los miembros del grupo la libertad de pensar con seguridad fuera de la caja y de hacer una verdadera lluvia de ideas sobre nuevas posibilidades.

Aumenta la eficiencia

Cuanto más eficazmente trabaje un equipo de empleados, más trabajo podrán realizar. Por supuesto, tener más personas significa poder hacer un mayor esfuerzo. Pero un equipo numeroso puede estorbar a los demás si no trabajan juntos con eficacia. Incluso si no trabajas directamente con un equipo, la comunicación efectiva con otros miembros de tu organización ayuda a hacer las cosas lo más rápido posible.

Establece la confianza

Terminar un proyecto con los compañeros de trabajo hace mucho para construir una relación con ellos. Una vez que te ayuden realmente a hacer las cosas, sabrás que podrás volver a contar con ellos en el futuro. Este sentimiento de confianza le dará un nivel de seguridad que hará mucho más fácil trabajar y compartir ideas con sus compañeros de trabajo.

Por otro lado, si los miembros del equipo no confían los unos en los otros, pueden tomar decisiones que no son buenas para la empresa a largo plazo. Es posible que sientan que son el único miembro del equipo que puede hacer el trabajo y, por tanto, intenten hacerlo todo ellos mismos. Esto podría conducir a una grave caída de la eficiencia, y potencialmente a problemas aún mayores si la tensión añadida hace que este empleado cometa un error.

CAPITULO 6:
Formación de nuevos empleados

Si eres el encargado de formar a los nuevos empleados en el lugar de trabajo, tienes un gran impacto en su impresión de la organización en su conjunto.

Si tu formación es eficaz y estás ahí para ayudarles cuando lo necesiten, verán que la empresa es útil y un buen lugar para trabajar. Pero si no les proporciona la ayuda que necesitan, no es probable que establezcan una relación positiva con la empresa. He aquí algunas cosas que hay que tener en cuenta al formar a un nuevo empleado.

Concéntrate en la construcción de fortalezas

Cuando trabaje con un nuevo empleado, esté atento a las áreas en las que sobresale y anímelo a que aproveche su experiencia. Esto no sólo les animará a hacer un buen trabajo ahora, sino que también les preparará para conseguir un ascenso a un puesto que se ajuste a sus habilidades en el futuro. Además, pregúntales si tienen otros puntos fuertes que creen que podrían ayudarles a realizar el trabajo. Es posible que puedan ayudar a la empresa de una forma que usted no había pensado de antemano.

Busca recursos en línea

Hay una serie de programas de aprendizaje disponibles en Internet que se adaptan bien a muchas empresas y organizaciones diferentes. Estos cursos suelen incluir instrucciones escritas y vídeos instructivos, así como componentes interactivos como cuestionarios, rompecabezas o incluso juegos. Con una variedad tan amplia, seguro que encontrará un curso para cada departamento de su organización. Todo lo que se necesita es un poco de investigación.

Pide ayuda

Si le resulta difícil formar a los nuevos empleados, puede ser el momento de pedir ayuda. Existen empresas de formación profesional en el lugar de trabajo que pueden ayudar a educar a su personal en un gran número de cosas.

Normalmente, estos grupos se desplazan directamente a su lugar de trabajo para impartir la formación. Sin embargo, la asistencia prestada puede resultar bastante costosa. Para mantener los costes de formación al mínimo, piense en su personal actual. Si alguno de ellos tiene un talento excepcional en alguna de las áreas que cubre su formación, pregúntele si estaría dispuesto a pasar algún tiempo con sus alumnos. Es posible que puedan aportar ideas que a usted no se le habrían ocurrido.

Fomenta el aprendizaje

Es difícil enseñar a alguien que no quiere escuchar lo que usted tiene que decir. Y, si sus nuevos empleados no están entusiasmados con su nuevo trabajo, puede ser difícil formarles para que hagan las cosas con eficacia.

Es importante que despiertes el interés de tu aprendiz por aprender sobre su trabajo, en lugar de limitarte a decirle lo que tiene que hacer. Asegúrate de que sepan que no hay nada malo en hacer preguntas, aunque sean menos sobre su trabajo y más sobre la empresa en general. Cuanto más motivados estén para aprender, más mejorará su rendimiento con el paso del tiempo.

Dales algo que hacer

Una vez que hayas instruido a tu nuevo empleado sobre cómo hacer su trabajo, dale algo que hacer para que puedas ver cuánto de su formación puede recordar.

Asegúrate de vigilarlo mientras lo hace, pero trata de no interferir demasiado a menos que necesite ayuda. Esto no sólo te dará una buena idea de lo que han aprendido, sino que también les ayudará a saber cómo aplicarlo a su nuevo trabajo y les ayudará a tener una sensación de logro.

Haz que las cosas sean divertidas

Una de las cosas más importantes que puede hacer para ayudar a construir una relación entre su aprendiz y su organización es mantener el tono ligero y amistoso. Esto no significa que deba hacer que su formación sea menos eficaz o que no se esfuerce tanto durante el periodo de formación. Sólo asegúrese de sonreír y mantener un tono positivo mientras trabaja con ellos. No sólo hará que el aprendizaje de su nuevo trabajo sea más agradable para ellos, sino que socializar con ellos ahora también podría llevarte a hacer un nuevo amigo en el futuro.

CAPITULO 7:
Tipos de conflicto en el trabajo

Al igual que el conflicto en nuestra vida personal, el conflicto en el lugar de trabajo puede ser difícil de evitar.

Las disputas entre compañeros de trabajo suelen resolverse entre las partes implicadas sin problemas.

Sin embargo, a veces puede ser necesario ponerse en contacto con el departamento de recursos humanos o con la alta dirección para resolver el problema si la disputa no puede resolverse.

Parte de la gestión eficaz de los conflictos consiste en saber con qué tipo de conflicto laboral se está tratando cuando surge el problema.

Liderazgo

Un cambio de liderazgo, como un nuevo supervisor o personal directivo, puede causar grandes conflictos entre los empleados.

Un cambio repentino de liderazgo puede llevar algún tiempo para acostumbrarse, y puede ser estresante para usted y sus compañeros de trabajo en el proceso.

Los cambios drásticos de liderazgo en el trabajo sacan a la gente de su zona de confort mientras intentan adaptarse a las nuevas normas y técnicas, todo ello manteniendo su carga de trabajo. Aunque al principio puede parecer desalentador, gran parte de estos conflictos pueden evitarse si se proporciona un resumen claro de cualquier cambio que se haga en las normas del lugar de trabajo.

Conflictos de carácter

Los conflictos de personalidad son algunos de los problemas más comunes entre los compañeros de trabajo. Puede ser difícil captar las señales sociales a las que no se está acostumbrado, o entender los gestos que difieren de los propios y de los de las personas con las que se está en contacto habitualmente. Lo mejor es intentar no tomarse las cosas tan a pecho para evitar enfrentamientos innecesarios.

Si no puedes pensar en una razón por la que tu colega está actuando negativamente hacia ti, es posible que hayas captado algo que no estaba ahí. Es muy poco probable que tu compañero de trabajo haya decidido arbitrariamente ser grosero contigo.

Es más fácil cambiar uno mismo que cambiar a los demás. Normalmente, el cambio a mejor no es fácil de conseguir para nadie. No puedes chasquear los dedos o agitar una varita mágica y esperar que dichos cambios se produzcan de la noche a la mañana. Pero, ¡piensa en lo fantástico que sería si realmente fuera posible lograr la tarea!

Sin embargo, ten en cuenta esto. Mientras que es posible cambiarse a uno mismo (con algo de esfuerzo, a veces más del que uno está dispuesto a hacer), es extremadamente difícil cambiar a los demás. Es más, si te tomas un tiempo para pensarlo, ¿realmente tienes ese derecho?

Es difícil cambiar una situación cuando no tienes el historial y todos los hechos. Lo mismo ocurre con una persona. Hasta que no te pones en la piel de alguien, no sabes por qué esa persona actúa como lo hace. Puedes tener una idea general, pero las generalidades no son suficientes.

Tanto si estás en el trabajo como en otro lugar, cuando te apetezca querer cambiar a alguien, prueba esto en su lugar. Piensa en las cosas que TÚ puedes hacer para mejorar el problema. Decirle directamente a alguien que crees que tiene que cambiar es una forma segura de iniciar los malos sentimientos entre los dos. Sinceramente, ¿cómo te sentirías si se cambiaran las tornas y alguien te dijera que tienes que cambiar tu forma de hacer las cosas?

Un buen ejemplo de ello es la gestión del tiempo. Te das cuenta de que a uno de tus compañeros de trabajo le resulta difícil cumplir con los plazos para completar un proyecto. En lugar de dirigirse a su jefe con una queja, ¿por qué no le pregunta si hay alguna forma de ayudarle a seguir el ritmo? Puede que incluso aprendas algo nuevo en el proceso.

Si alguien quiere cambiar y te pide ayuda, es un asunto completamente diferente. Hacer todo lo posible para ayudarles contribuirá a garantizar la transformación que esperan conseguir. A veces, todo lo que la persona necesita es un empujón en la dirección correcta. Míralo así: probablemente ellos harían lo mismo por ti.

Cuándo llamar al jefe

Muchos conflictos interpersonales en el trabajo pueden resolverse sin que intervenga la dirección. Tus compañeros de trabajo son adultos y deberíais ser capaces de llegar a un resultado razonable para cualquier disputa que tengáis. Aunque es una buena idea mantener a tu jefe informado de lo que ocurre entre tú y tus compañeros, acudir a él con cada problema puede hacer creer a tus compañeros que no estás dispuesto a escuchar su versión de los hechos.

Sin embargo, si ninguno de los dos quiere ceder en el asunto, puede ser una buena idea conseguir que un supervisor o un representante de RRHH medien en el conflicto. Fijen un momento en el que puedan reunirse para resolver el problema. Con la participación de una parte neutral que escuche ambos lados de la historia, es posible que se sientan más inclinados a frenar el comportamiento que estaba causando el problema.

CAPITULO 8:

Trabajos para introvertidos

Si eres una persona introvertida, puedes seguir aprovechando la orientación que te ofrece este informe. Sólo que no tendrás que recurrir a ella con tanta frecuencia.

Si eres del tipo tímido, considera solicitar el siguiente tipo de trabajos. Si no encuentras uno de inmediato, no te rindas. Están ahí fuera.

Cuidado de animales

Si te gustan los animales, piensa en conseguir un trabajo en la consulta de un veterinario, en un refugio de animales o incluso en una tienda de animales. Aunque el sueldo es menor que el de muchas otras oportunidades de empleo, la mayor parte del tiempo la pasarás trabajando con los propios animales. Deja la interacción con los humanos a tus compañeros de trabajo más extrovertidos.

Gestor de redes sociales

Al principio, esto puede parecer una opción extraña. Sí, el trabajo requiere interactuar con la gente. Pero, como todo se hace a través de Internet, no tienes que estar cara a cara con las personas con las que te comunicas.

Con la creciente popularidad de las plataformas sociales, es probable que siempre haya necesidad de este puesto de gestión "entre bastidores".

Reportero judicial

En el momento de escribir este artículo, la Oficina de Estadísticas Laborales indica que el ingreso medio de un taquígrafo judicial es ligeramente inferior a 50.000 dólares al año.

Aunque un taquígrafo judicial está obligado a estar en la sala del tribunal, apenas interactúa con nadie. El único momento en el que tiene que hablar es cuando alguien le pide que lea parte de la transcripción del tribunal.

Escritor autónomo

Gracias a la popularidad de Internet, las oportunidades de escribir por cuenta propia parecen estar en todas partes.

Y lo que es mejor, no necesitas un título universitario para empezar. Si puedes escribir de forma interesante y tienes conocimientos básicos de gramática, los clientes están esperando tu ayuda.

Normalmente, el único momento en el que tienes que interactuar realmente con alguien es cuando hablas de un posible trabajo o tienes preguntas para un cliente actual. Incluso entonces, casi todo puede hacerse por correo electrónico.

Traductor

Si hablas uno o más idiomas, ¿por qué no poner este conocimiento en práctica? El trabajo de un traductor consiste simplemente en convertir documentos escritos o grabaciones de audio de un idioma a otro. No se requiere ninguna participación adicional de los compañeros de trabajo.

Otras opciones posibles, con una interacción humana limitada, son las siguientes:

- **Conductor de camión o repartidor**

- **Guardia de seguridad**

- **Contable**

- **Paisajista**

- **Conserje**

- **Técnico de laboratorio o investigador**

- **Artista**

- **Diseñador gráfico**

Para obtener más ideas, tómate una hora más o menos para hacer una búsqueda en Internet. Probablemente te sorprenderán las sugerencias de empleo para personas que prefieren limitar la interacción con sus compañeros de trabajo.

Esta información es sólo una pequeña muestra de las cosas que puedes hacer para asegurarte de que siempre trabajas bien con los demás, independientemente de la descripción de tu trabajo o del puesto en la empresa. Obviamente, cuanto más fácil le resulte interactuar con los compañeros de trabajo y los clientes, mayores serán las posibilidades de conseguir un aumento de sueldo o un ascenso.

Es posible que tenga que trabajar en algunas de estas cosas antes de que empiecen a sentirse como una segunda naturaleza. La buena noticia es que si ese es el caso, no pasa nada. No te castigues por ello. No existe el empleado perfecto, por mucha formación o experiencia en el campo que tenga.

En cualquier trabajo, dos de los rasgos más importantes son la diligencia y la honestidad. Siempre que muestres estas dos cualidades, hay muchas posibilidades de que tengas éxito y, mejor aún, de que te sientas bien haciéndolo.

Al igual que no hay un empleado perfecto, tampoco hay un trabajo o conjunto de compañeros de trabajo perfecto. Probablemente habrá momentos en los que te sientas frustrado por ambos, lo cual es perfectamente natural. Durante esos periodos, haz todo lo que puedas para mantenerte positivo ante la situación.

Ser positivo es una elección que haces. No depende sólo de las cosas buenas que te suceden. Si te mantienes positivo incluso cuando las cosas no son las mejores, es más probable que tus compañeros de trabajo capten tu actitud y traten de igualarla.

Algunas personas son más introvertidas y prefieren trabajar solas. Si te encuentras en esta categoría, tampoco pasa nada. Mientras encuentres un trabajo que te haga feliz, eso es lo más importante. Sin embargo, es posible que quieras tener en cuenta lo siguiente. Poniendo en práctica algunas de las sugerencias de este informe, puede que poco a poco te encuentres más extrovertido.

Si eso ocurre y se siente más cómodo con la gente, puede ser el momento de intentar ampliar sus horizontes laborales. Esta nueva sensación de confianza no se producirá de la noche a la mañana. Pero, con la práctica de la paciencia, puede que al final te encuentres con ganas de trabajar con otros. Y, ciertamente, no hay nada malo en ello.

Para terminar, ten en cuenta las siguientes citas motivadoras. Mejor aún, escribe cada una de ellas en una nota adhesiva y pégala en tu puesto de trabajo. Recuerda que la motivación es contagiosa. Por qué no ayudar a contagiarla y hacer de tu entorno de trabajo un lugar más amigable y productivo. ¡Tus compañeros de trabajo te lo agradecerán sin duda!